Kreative Kunst

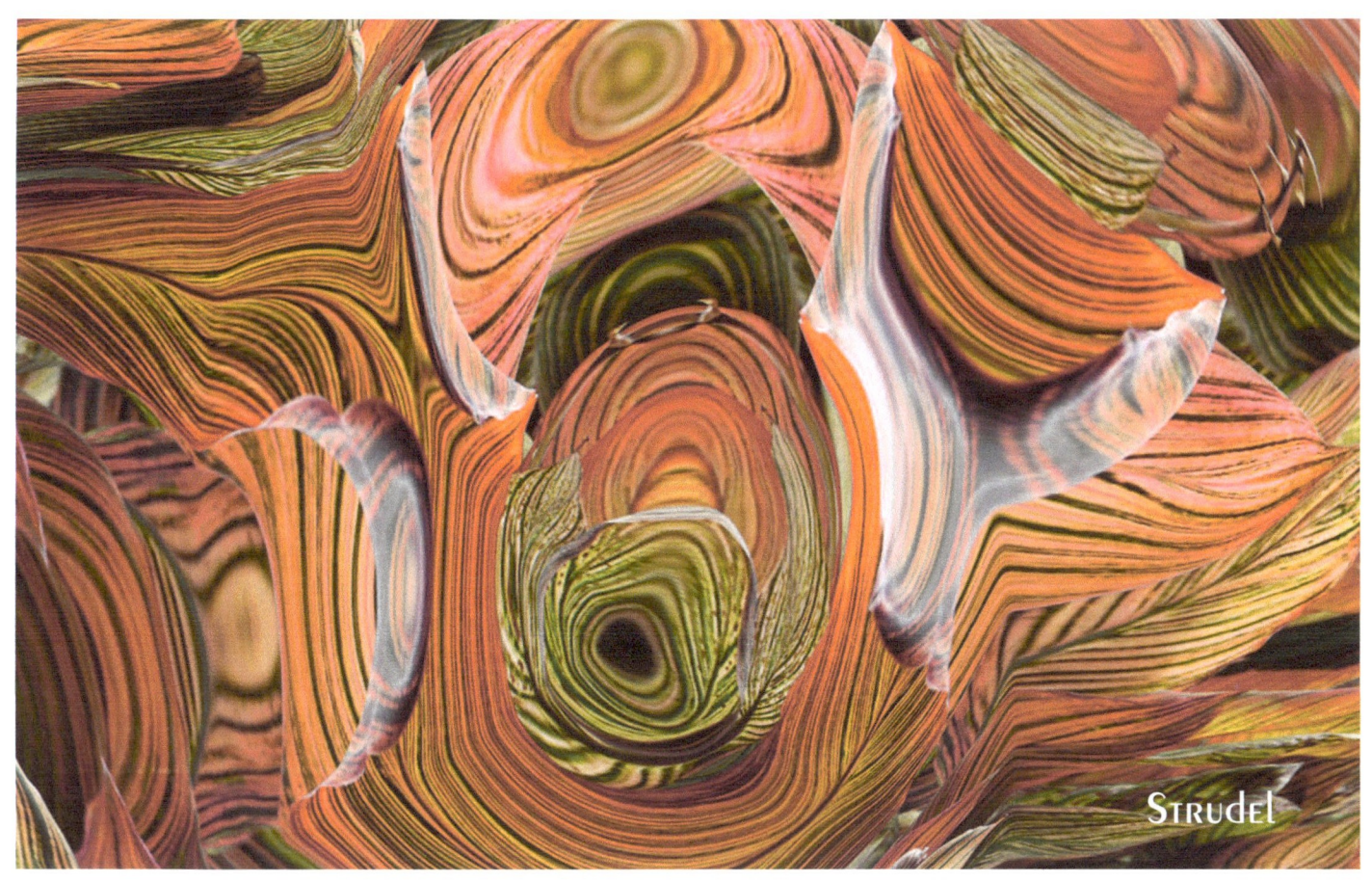

Kreative Kunst

FOTOGRAFIE IN KUNST UMGEWANDELT

Klaus D. Emrich

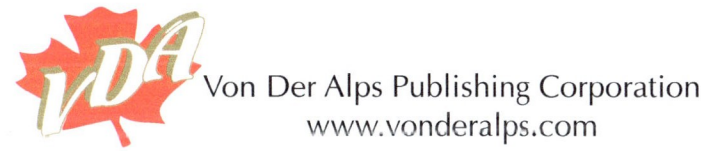
Von Der Alps Publishing Corporation
www.vonderalps.com

Kreative Kunst

Autor/Künstler/Fotograf - Klaus D. Emrich

Urheberrecht des Geistiges/Kreatives Eigentum gehört dem
Autor Klaus D. Emrich
mit © 2014 und darüber hinaus.

Erste Original veröffentlicht April 2014 in Englisch.
Original Title: Creative Art.
ISBN 978-0-9782302-9-6

Deutsche Übersetzung Klaus D. Emrich, veröffentlicht Januar 2015
Von Der Alps Publishing Corporation, Kanada.

www.vonderalps.com
Alle Rechte vorbehalten.

Kanadian Katalogisierung der Veröffentlichung Daten
ISBN 978-0-9936867-5-7

Gedruckt in den USA

Kreative Kunst

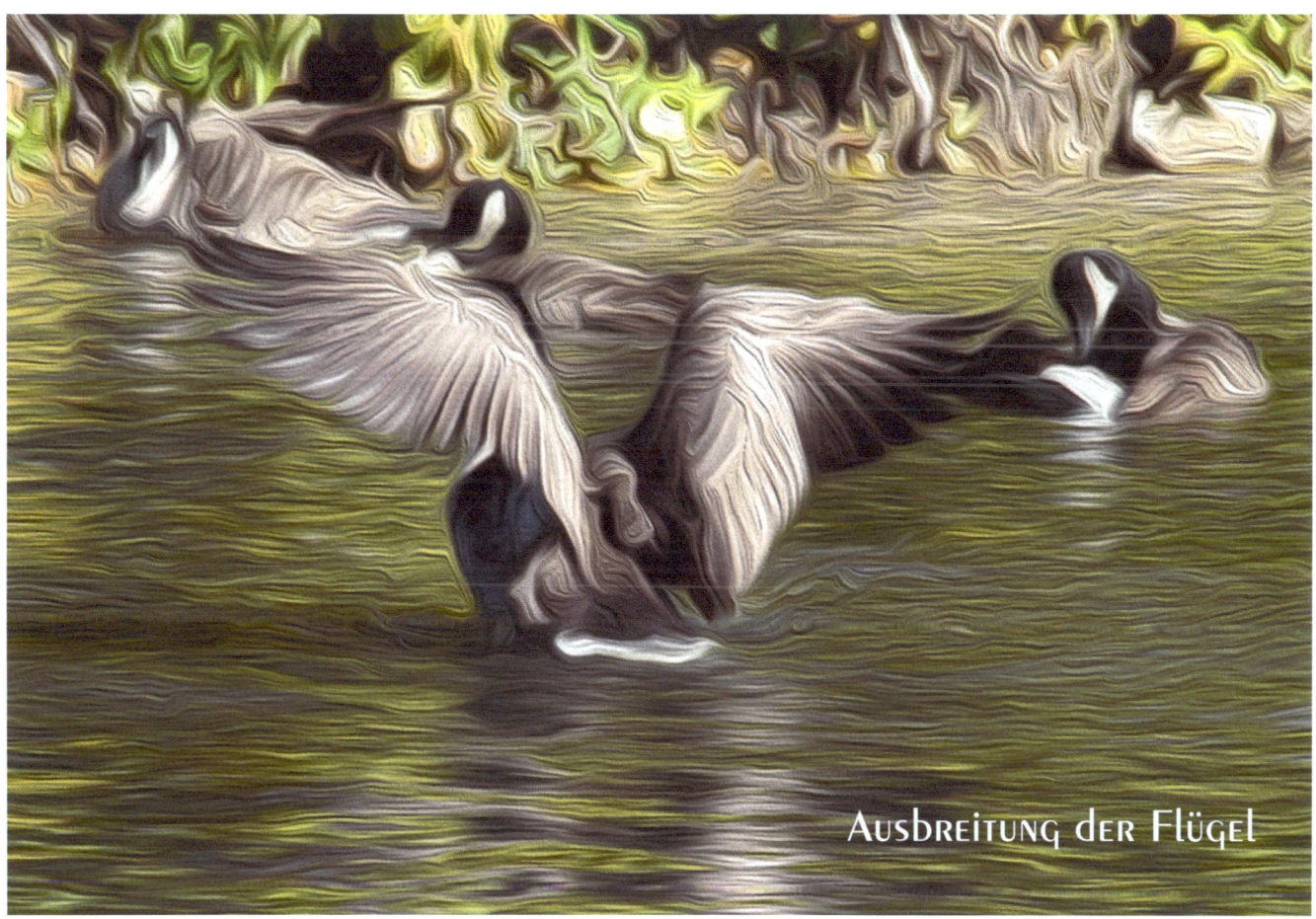

Ausbreitung der Flügel

Kreative Kunst

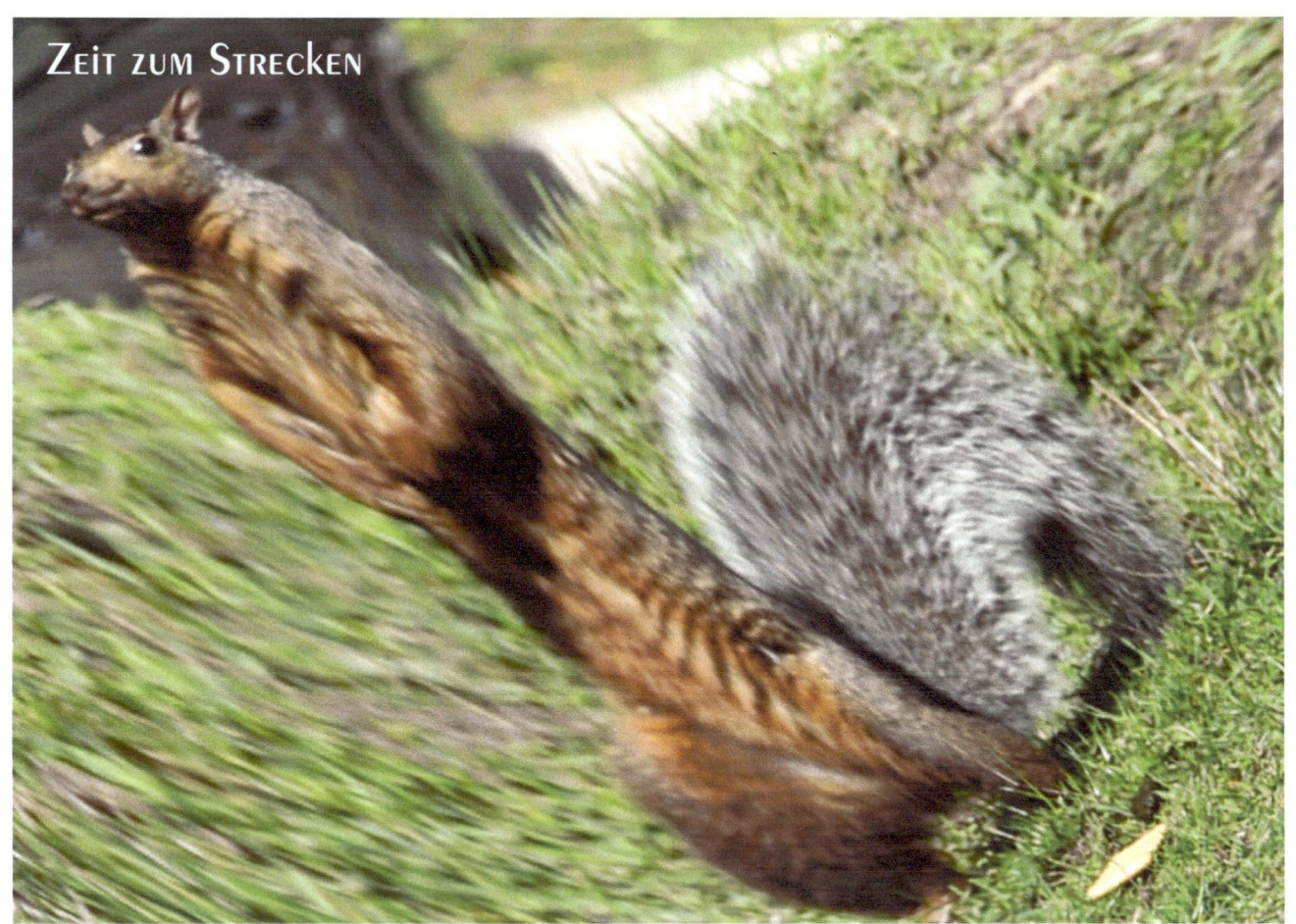

Zeit zum Strecken

Kreative Kunst

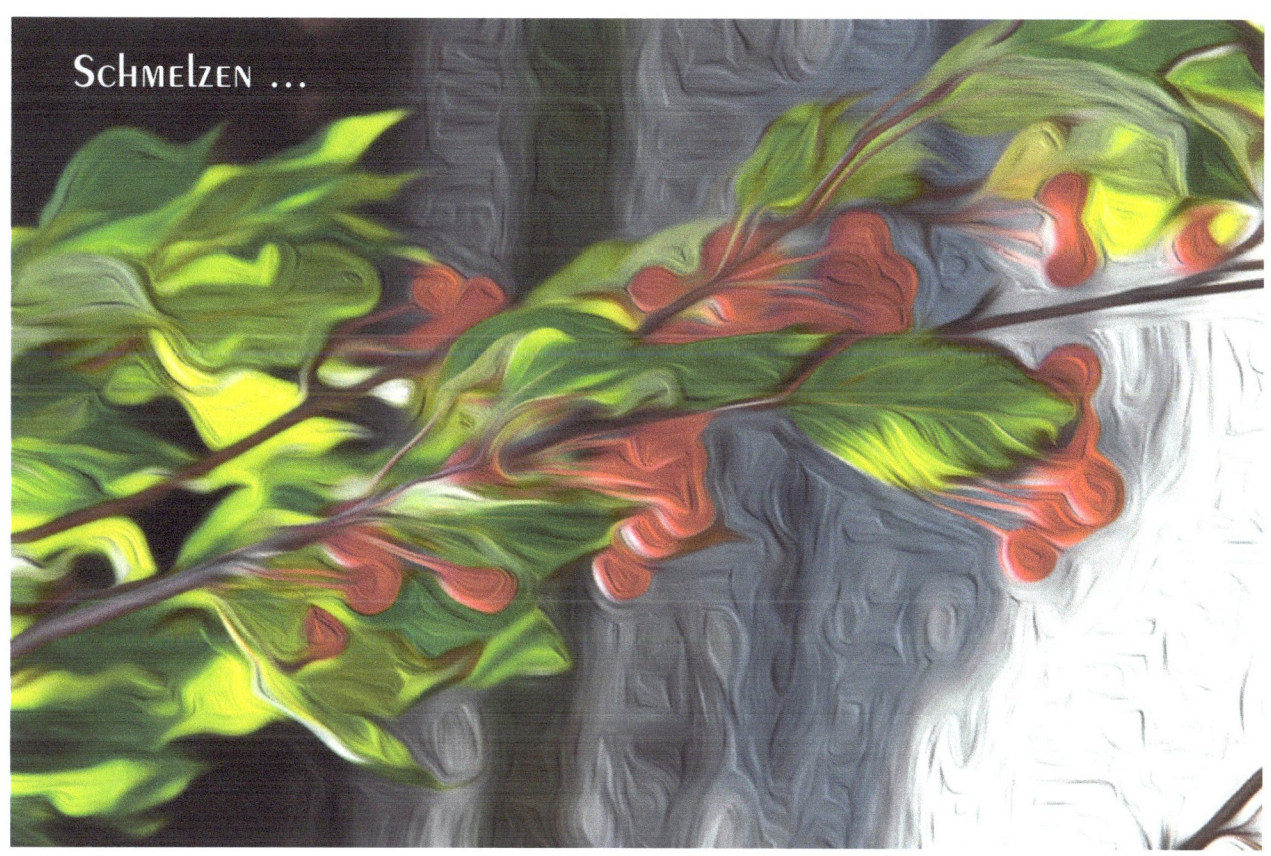

Schmelzen ...

Kreative Kunst

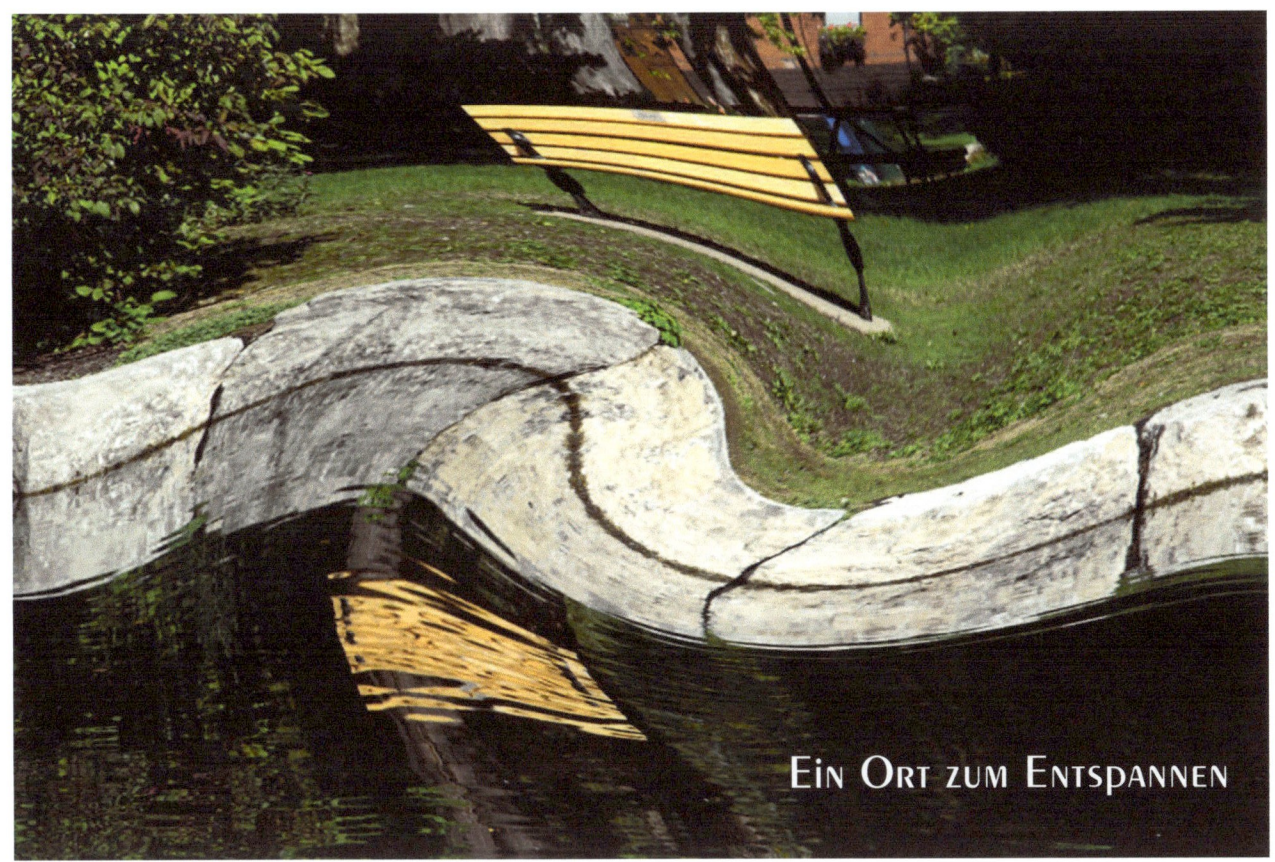

Ein Ort zum Entspannen

Kreative Kunst

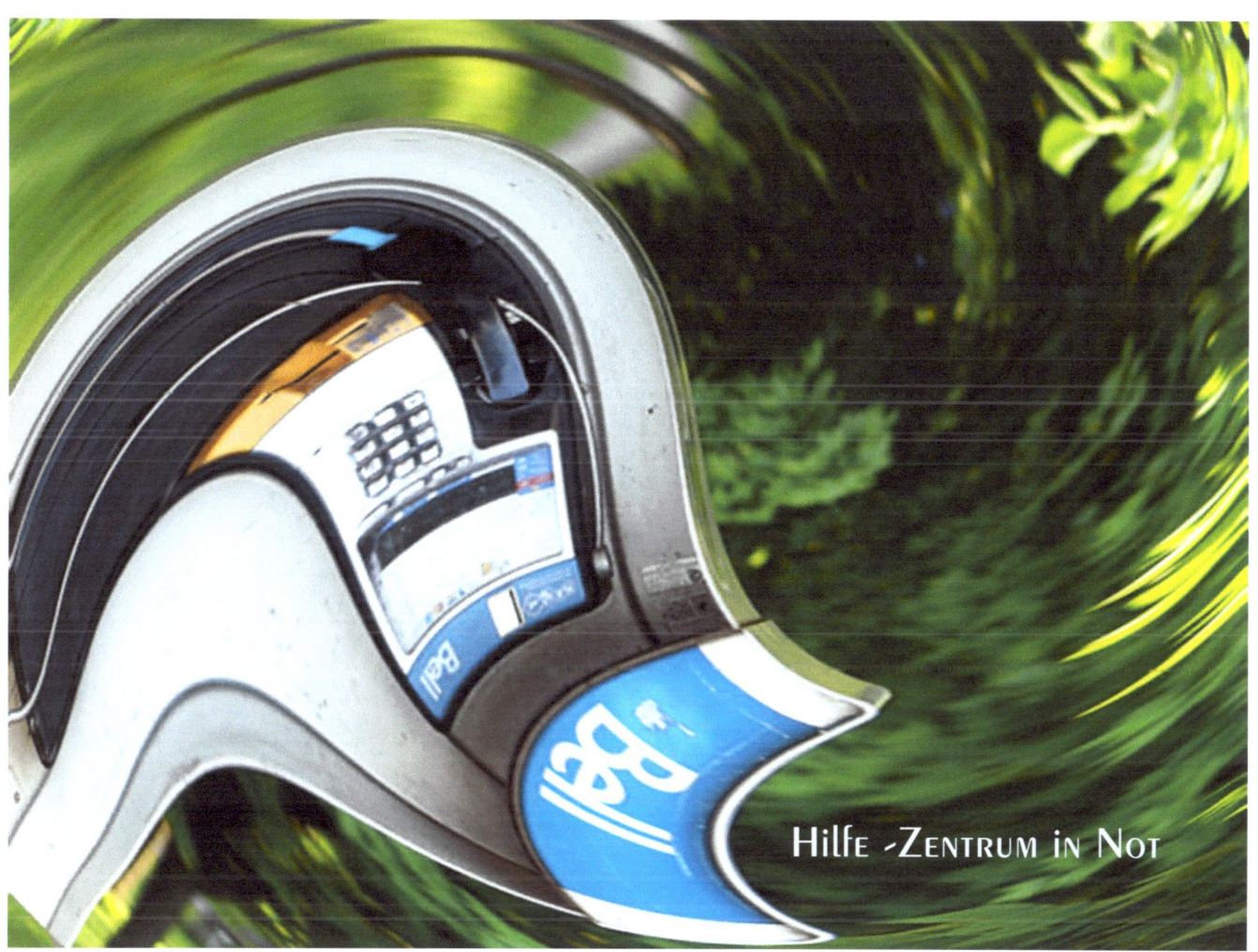

Hilfe -Zentrum in Not

Kreative Kunst

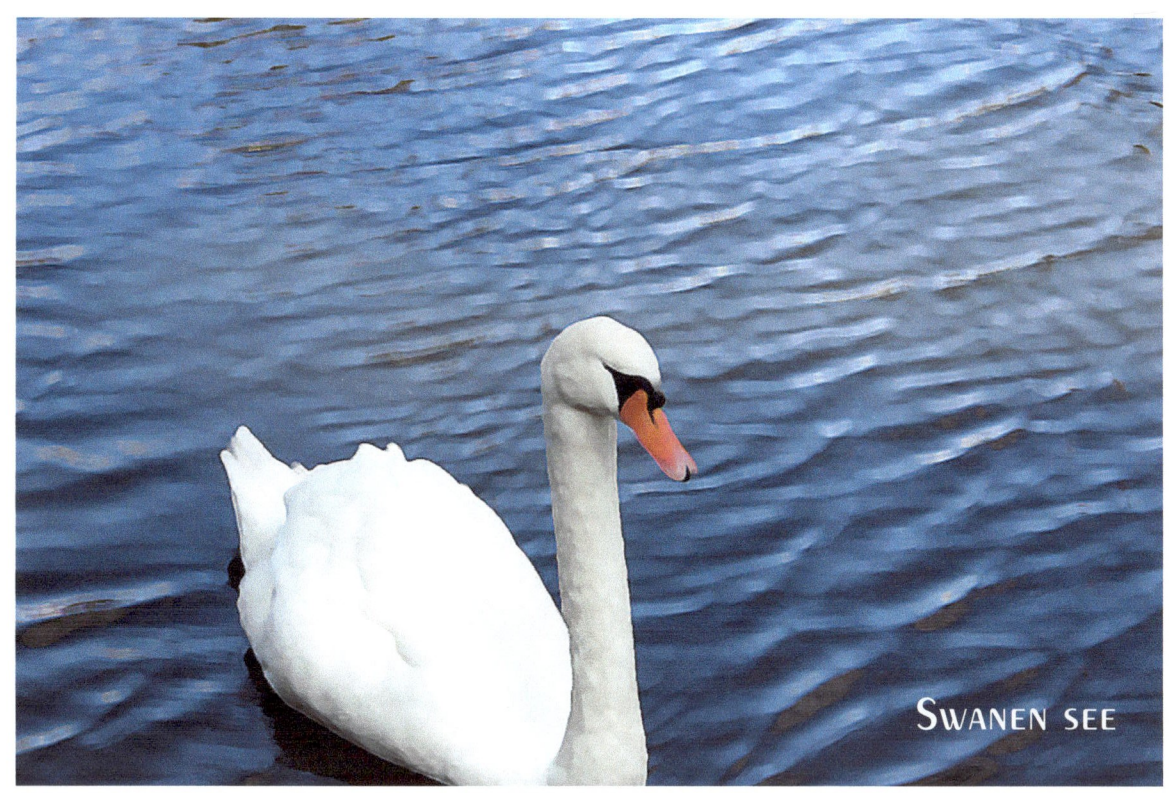

Kreative Kunst

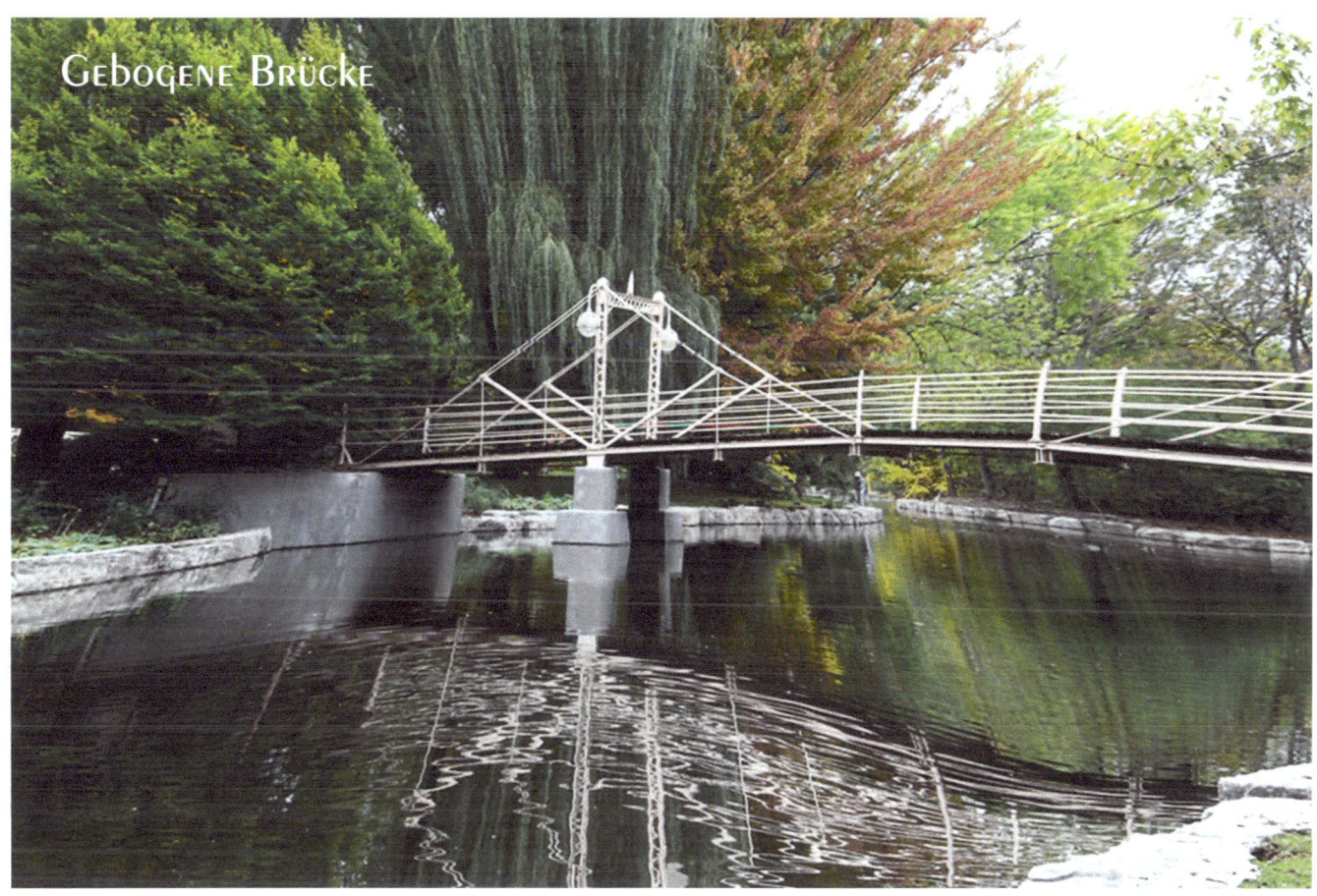

Gebogene Brücke

Kreative Kunst

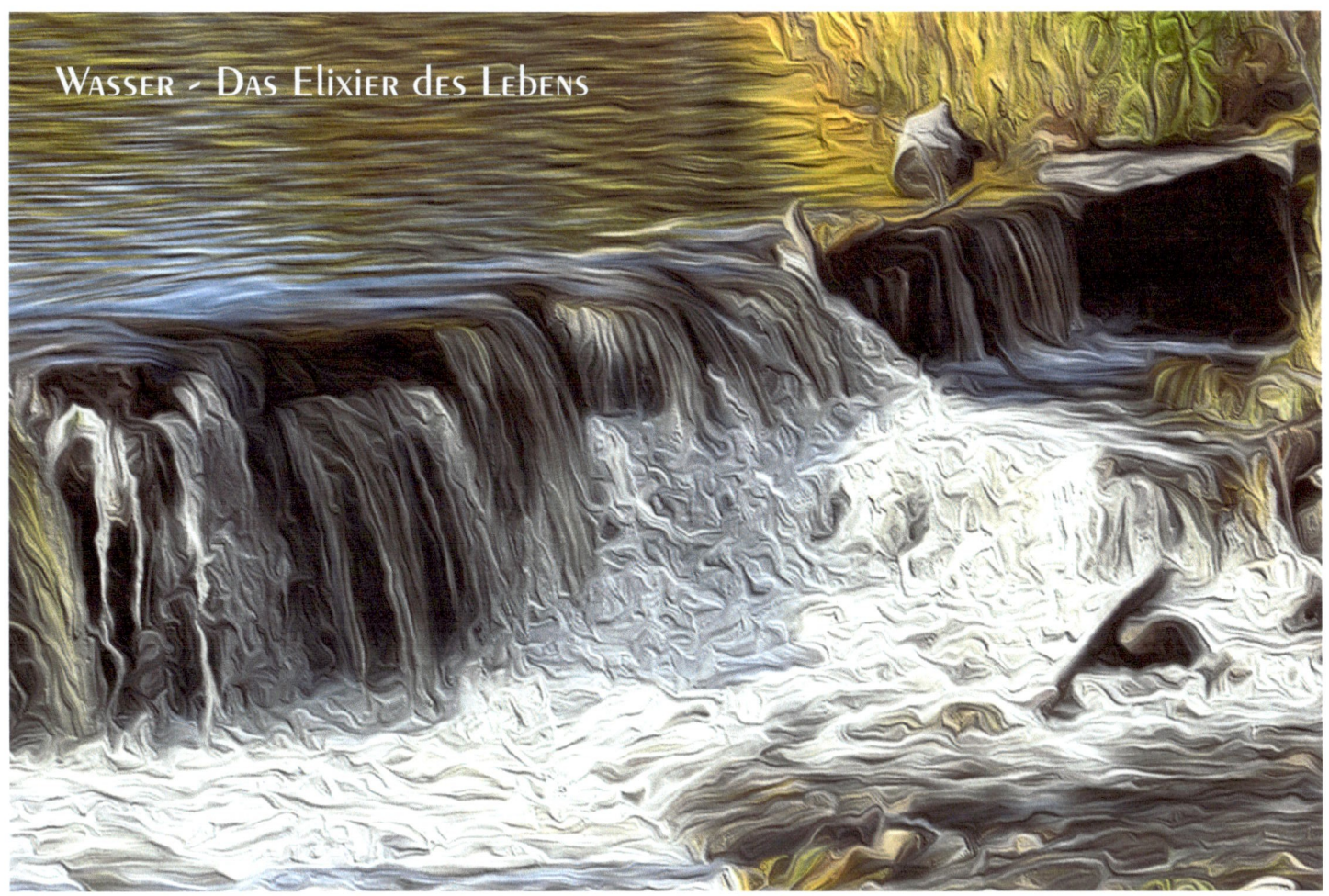

WASSER - DAS ELIXIER DES LEBENS

Kreative Kunst

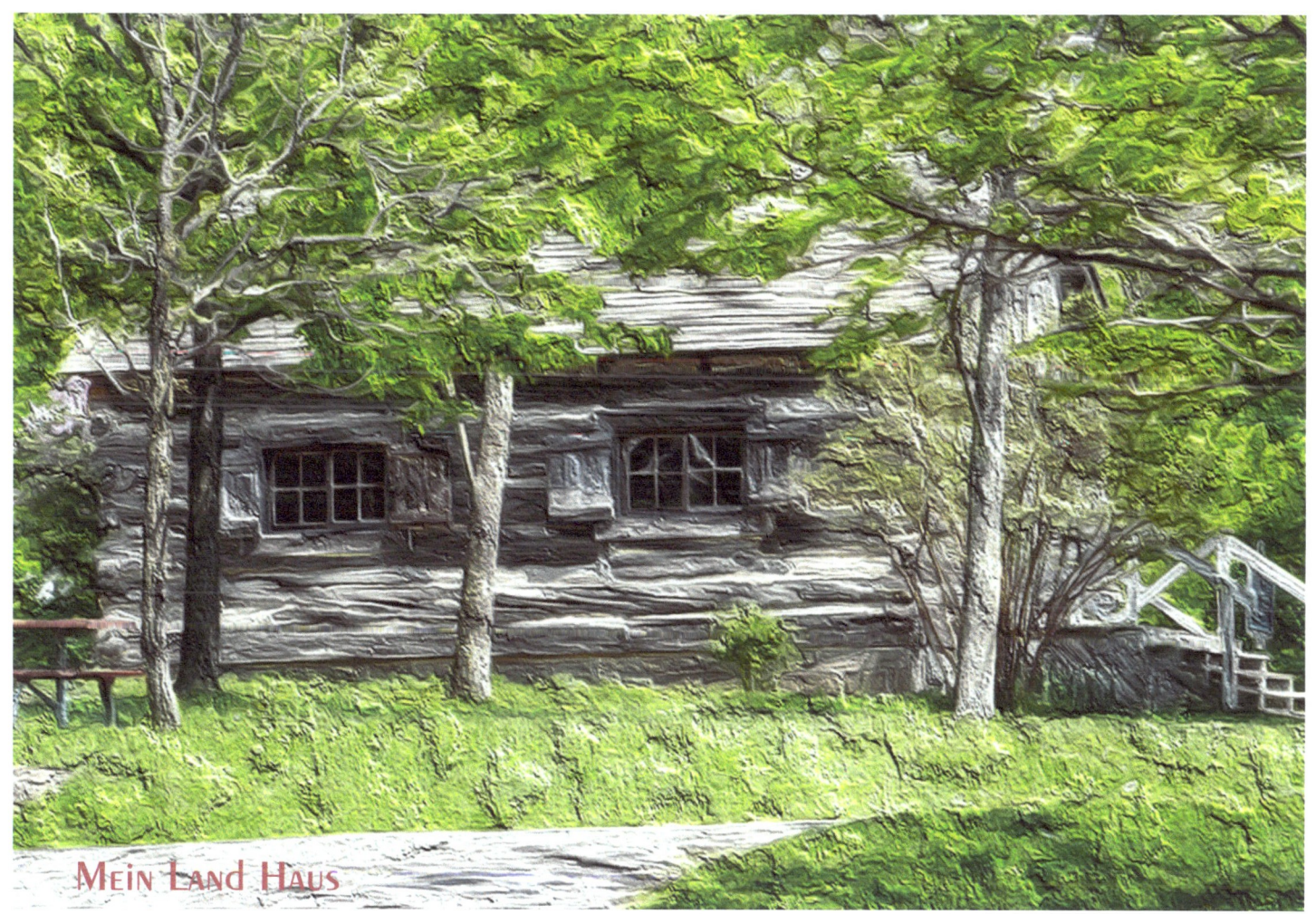

MEIN LAND HAUS

Kreative Kunst

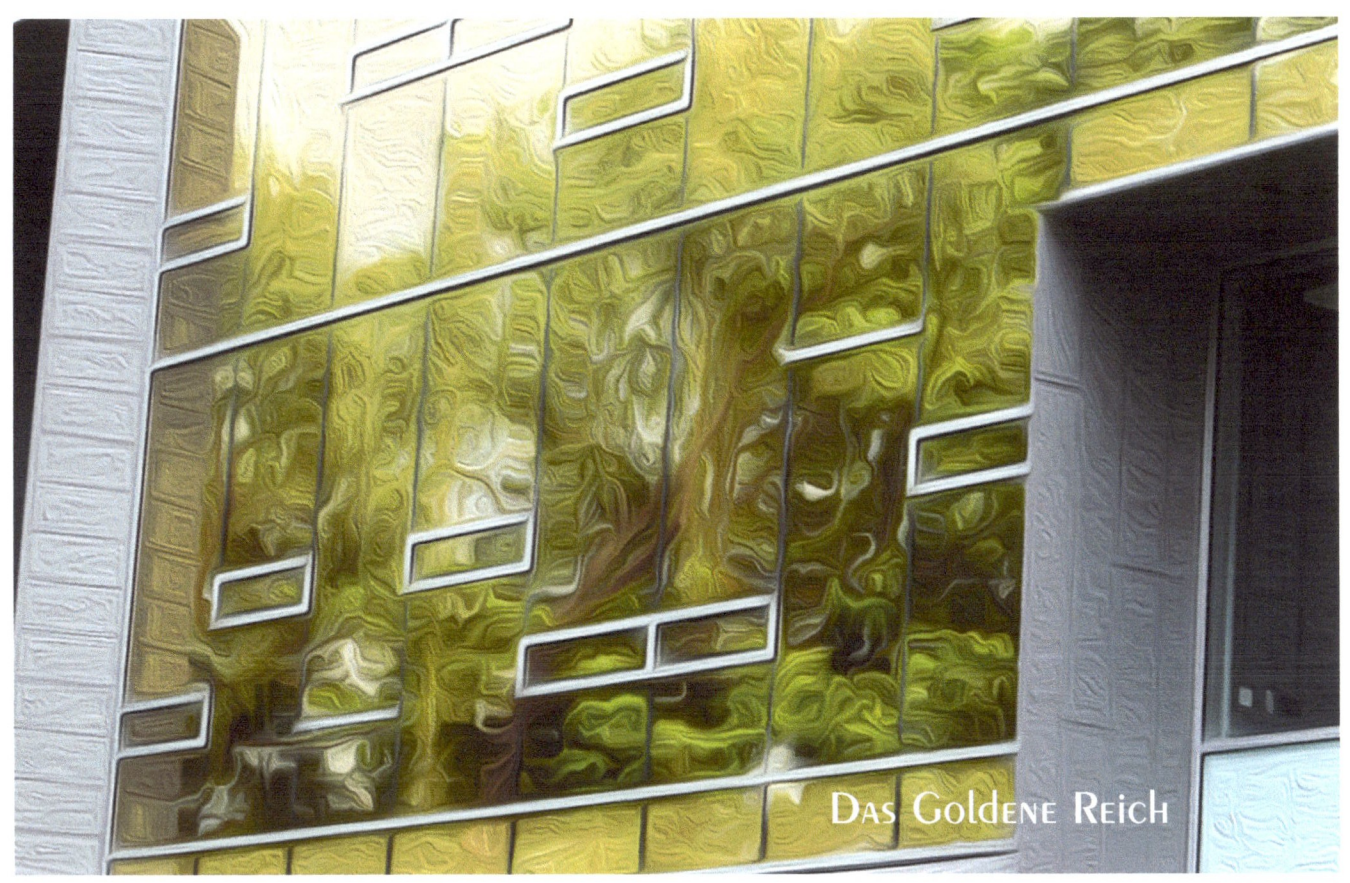

Das Goldene Reich

Kreative Kunst

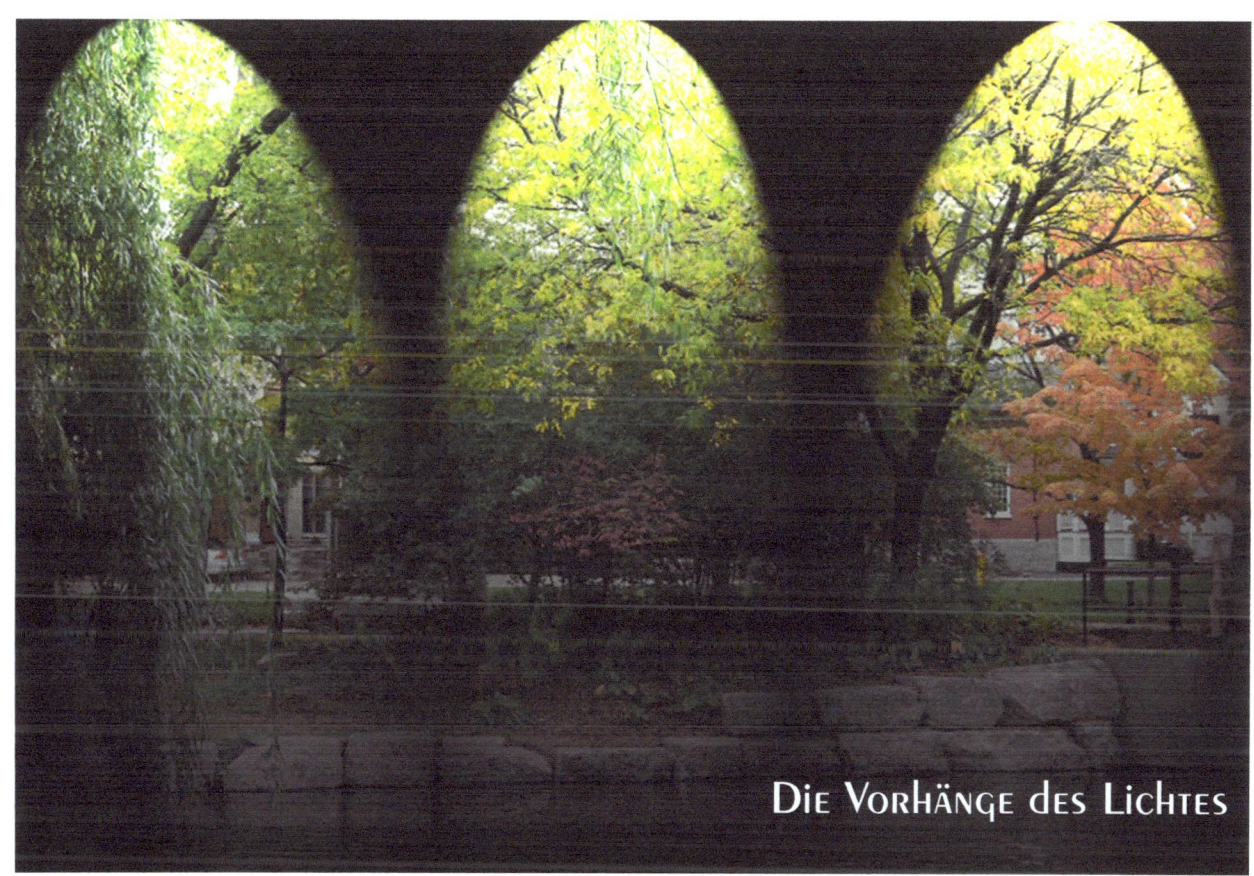

Die Vorhänge des Lichtes

Kreative Kunst

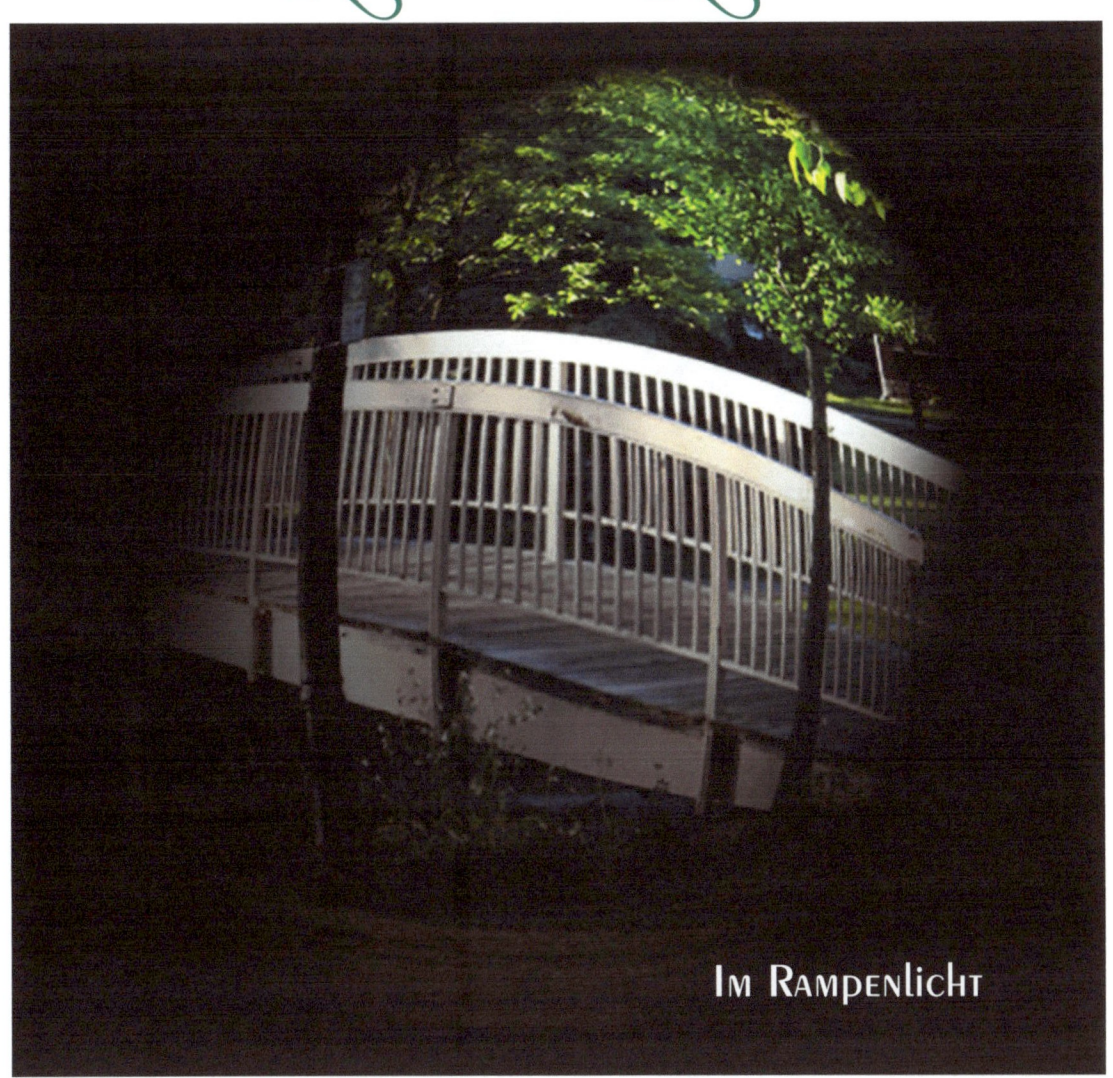

Im Rampenlicht

Kreative Kunst

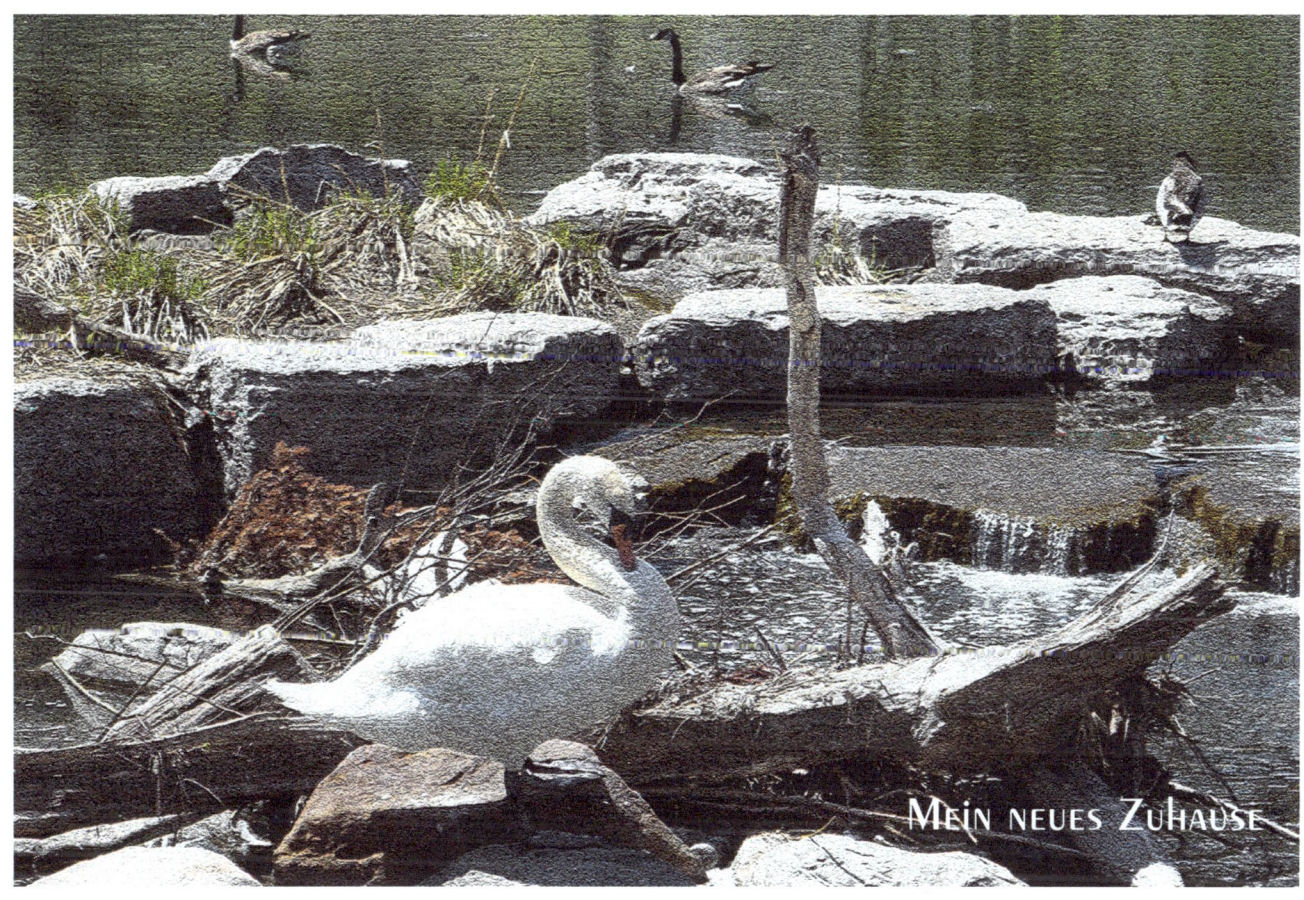

Mein neues Zuhause

Kreative Kunst

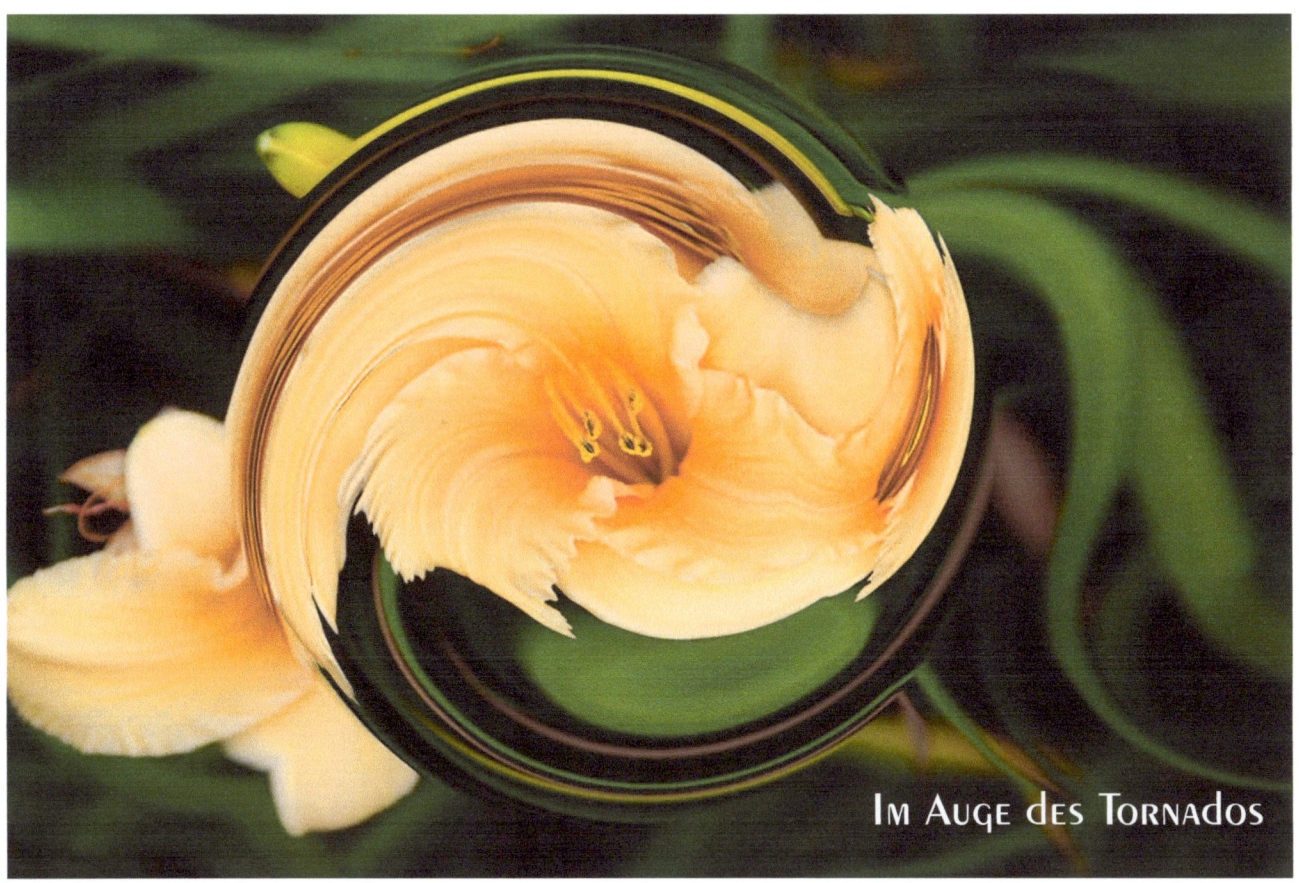

Im Auge des Tornados

Kreative Kunst

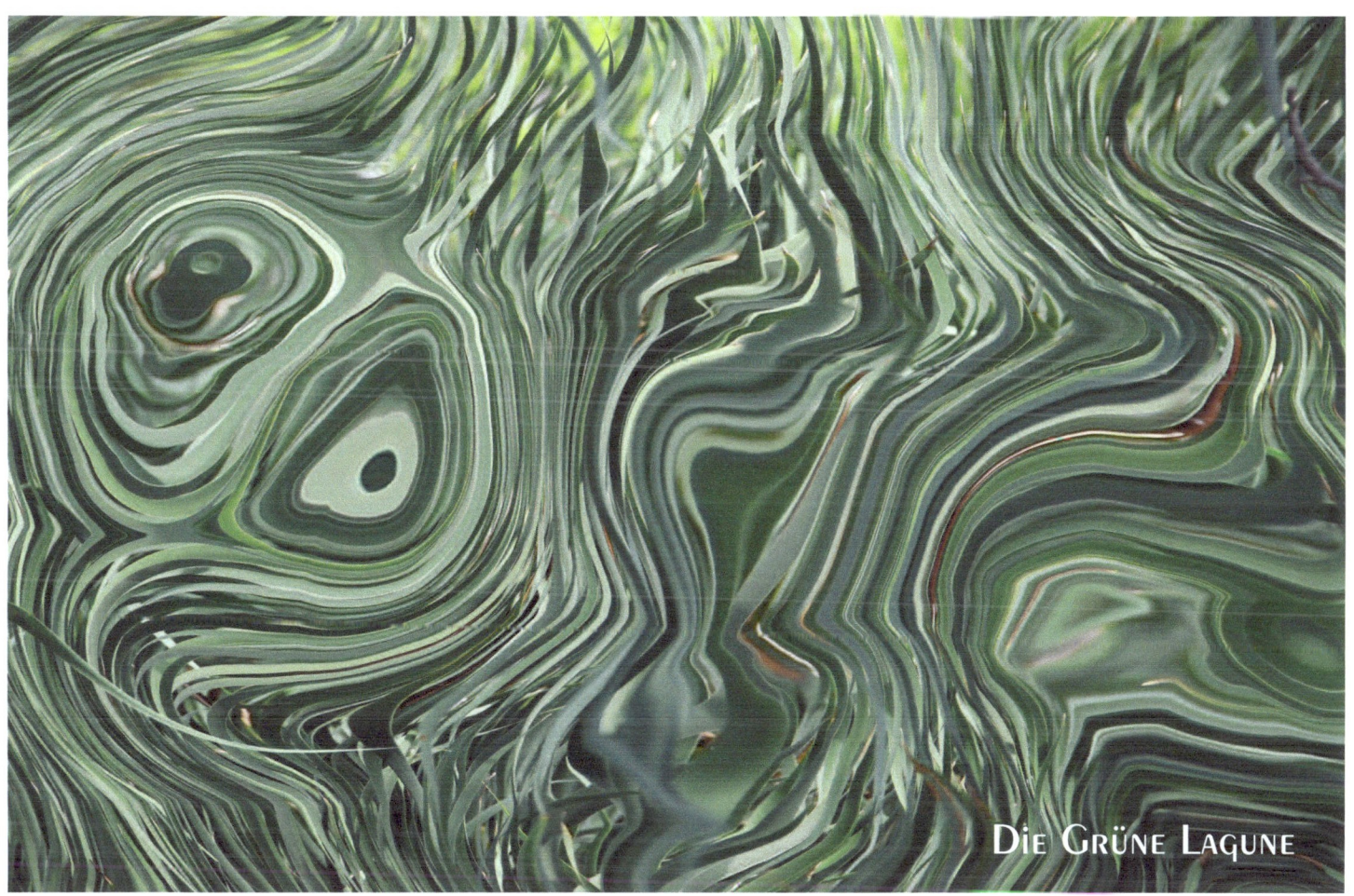

Die Grüne Lagune

Kreative Kunst

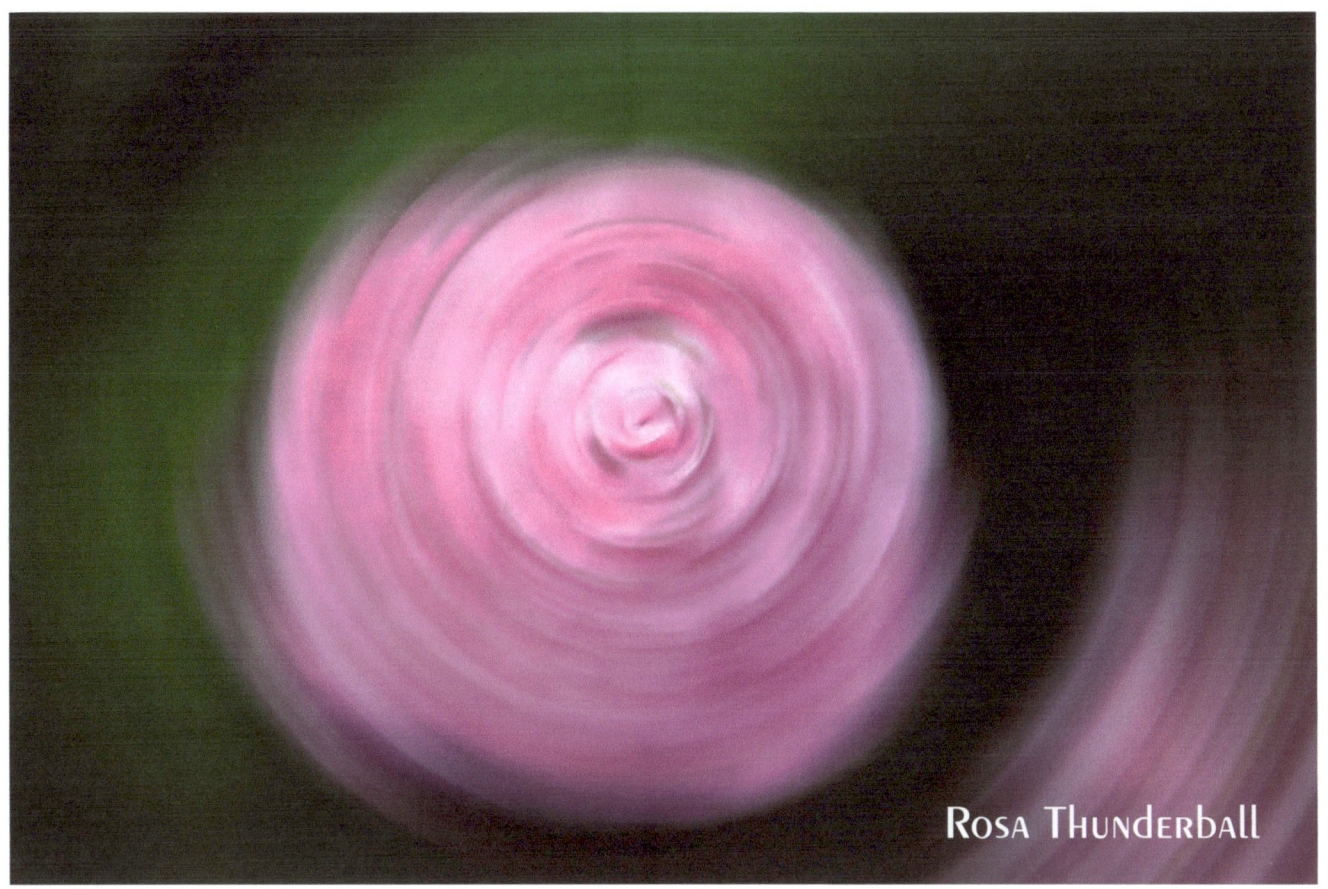

Rosa Thunderball

Kreative Kunst

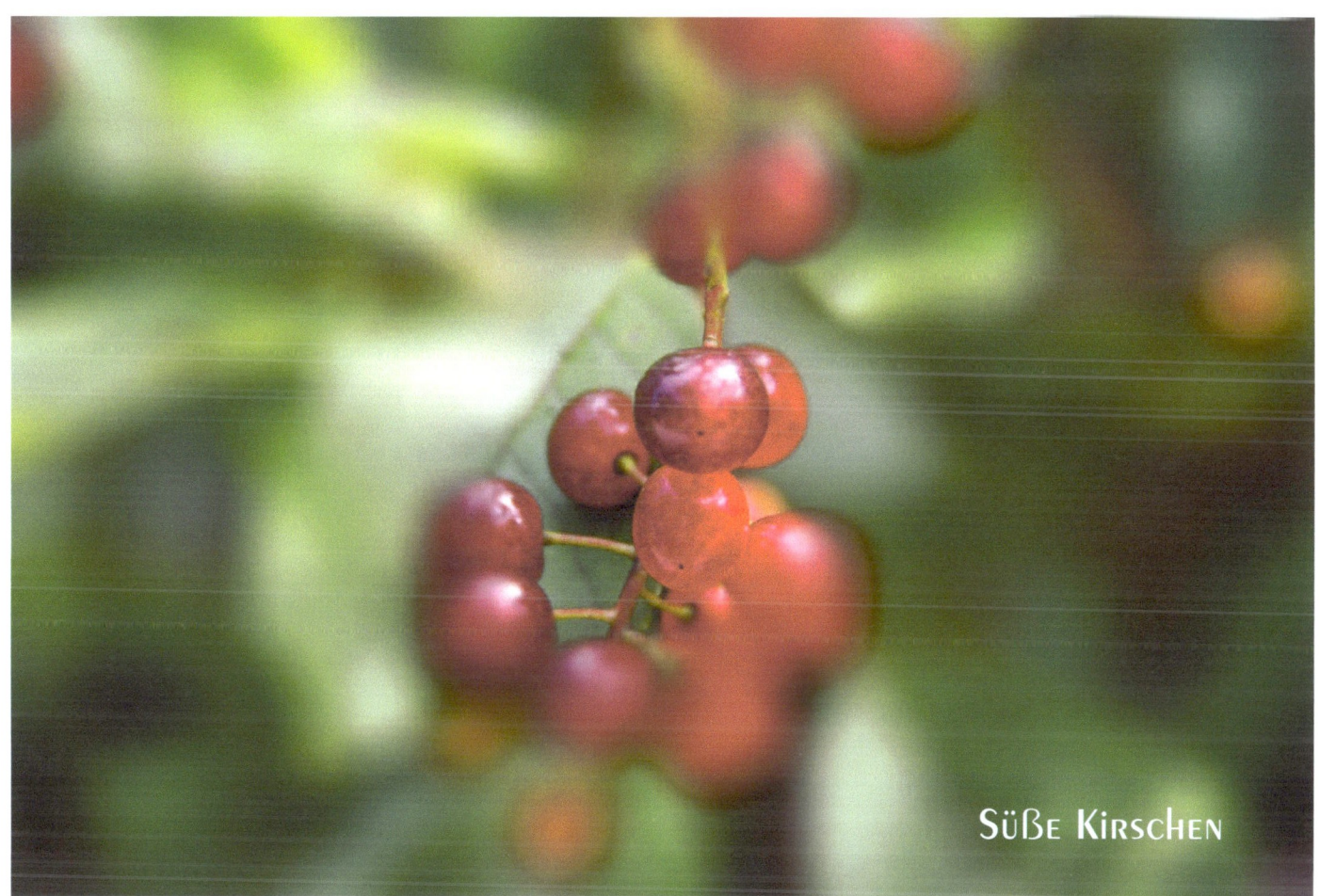

Süße Kirschen

Kreative Kunst

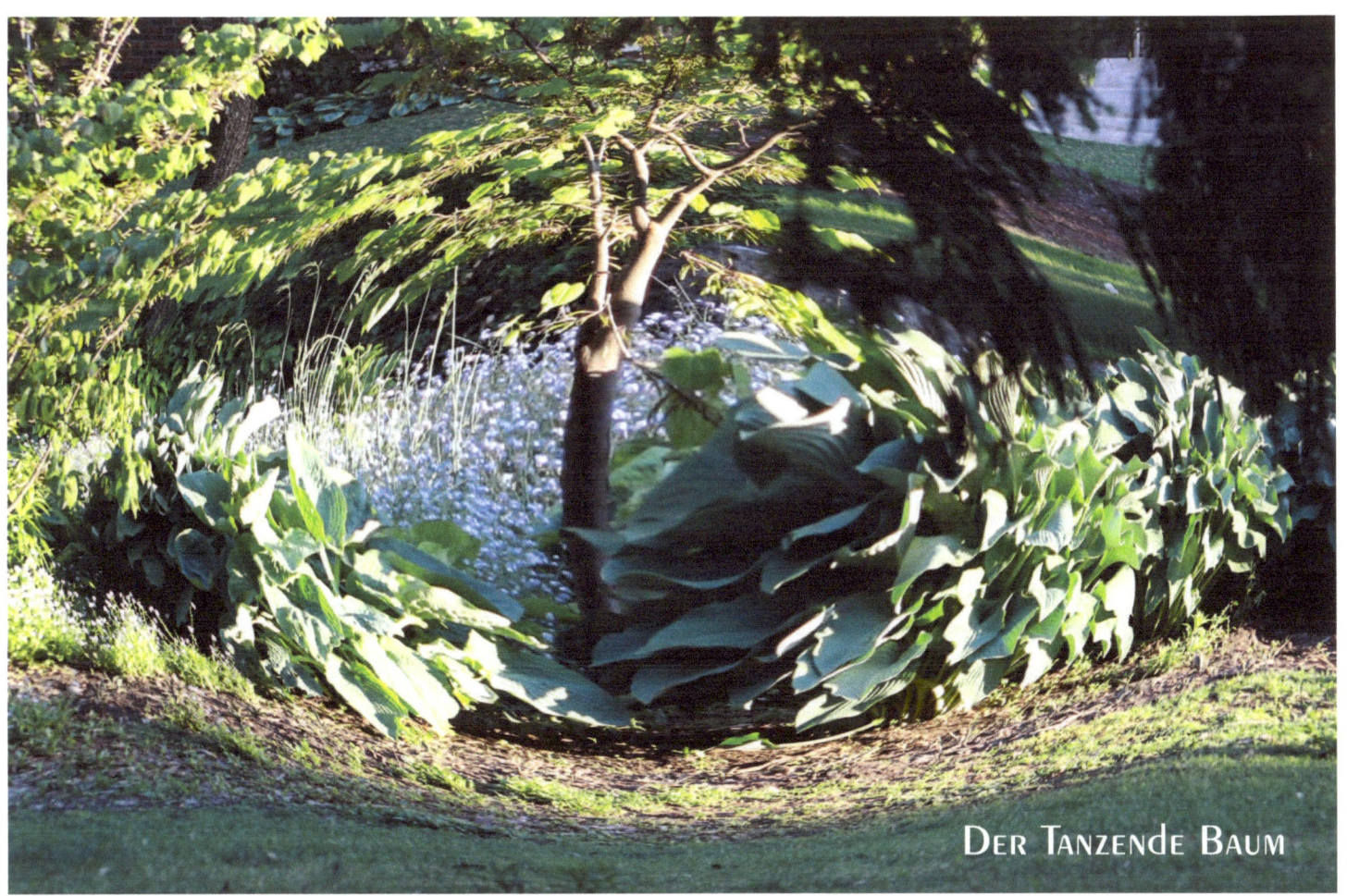

DER TANZENDE BAUM

Kreative Kunst

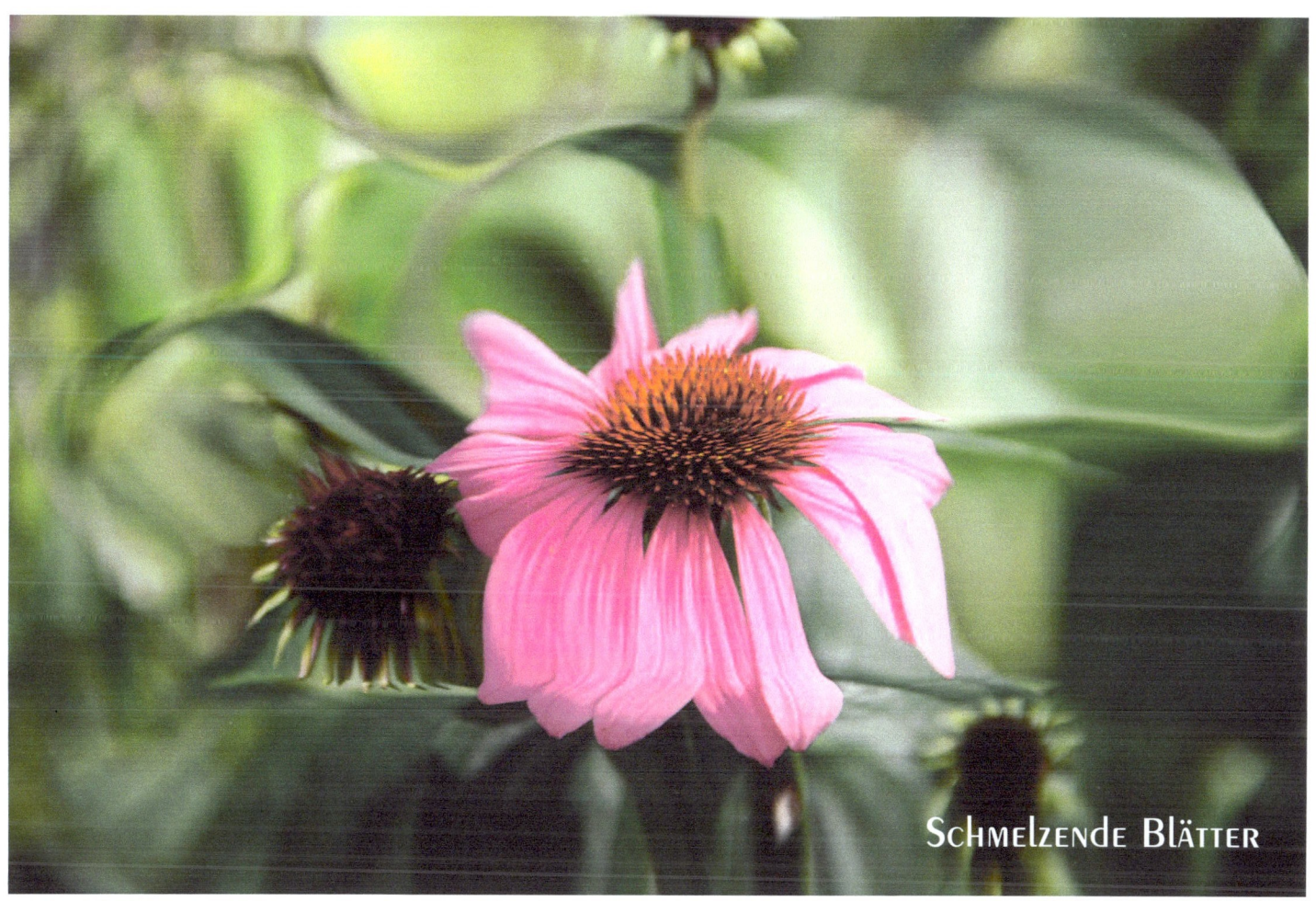

Schmelzende Blätter

Kreative Kunst

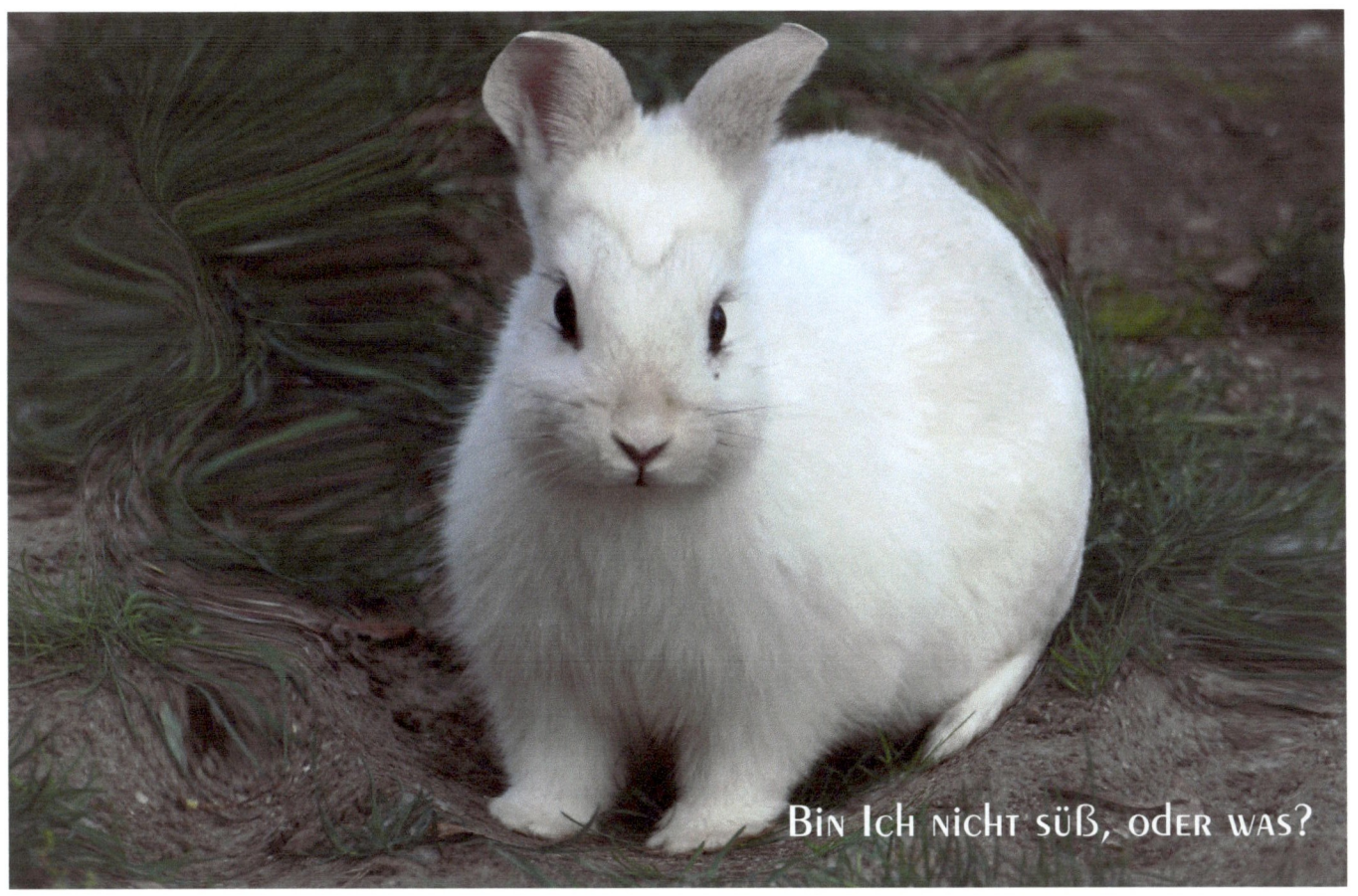

Bin Ich nicht süß, oder was?

Kreative Kunst

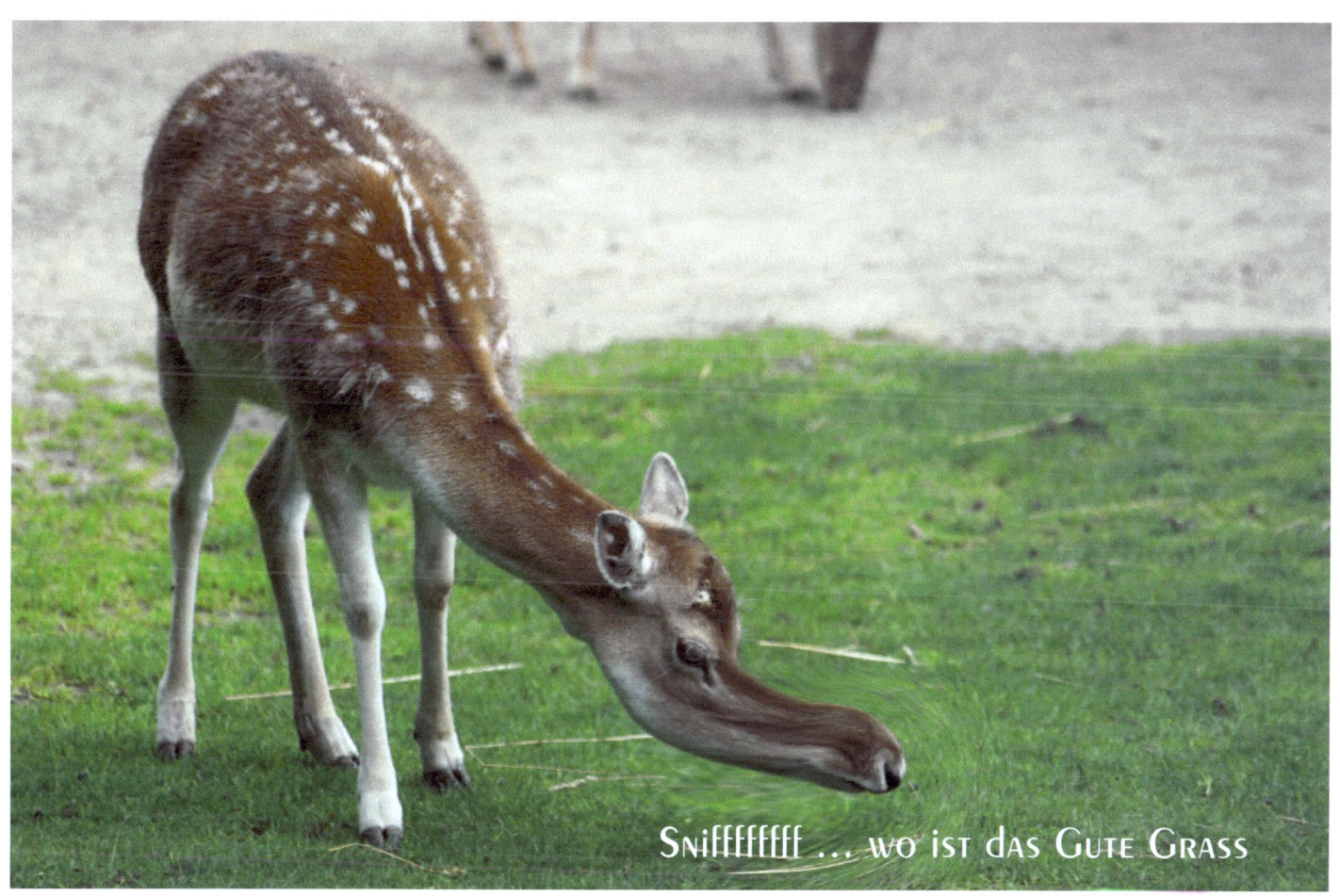

Sniffffffff ... wo ist das Gute Grass

Kreative Kunst

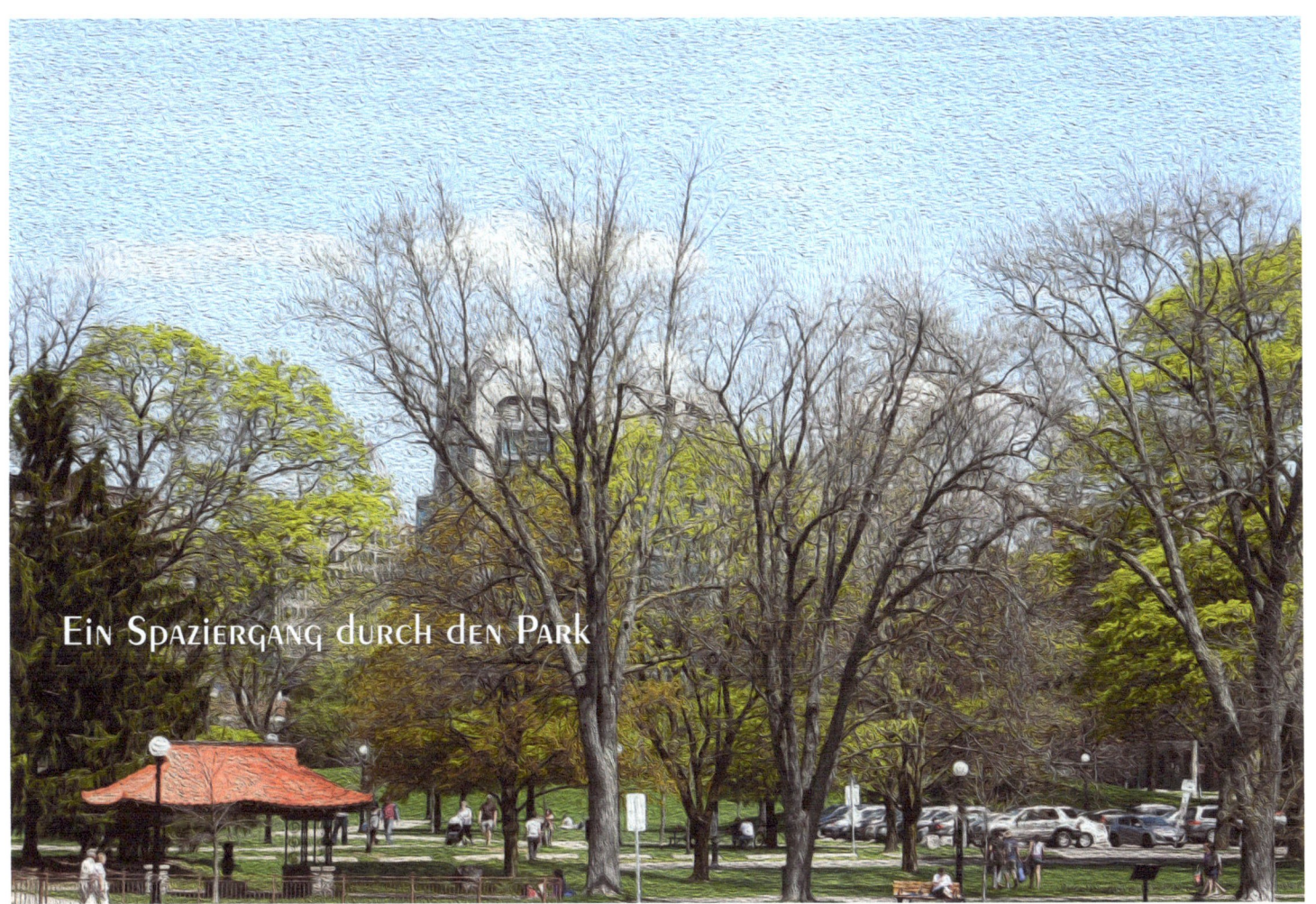

Ein Spaziergang durch den Park

Kreative Kunst

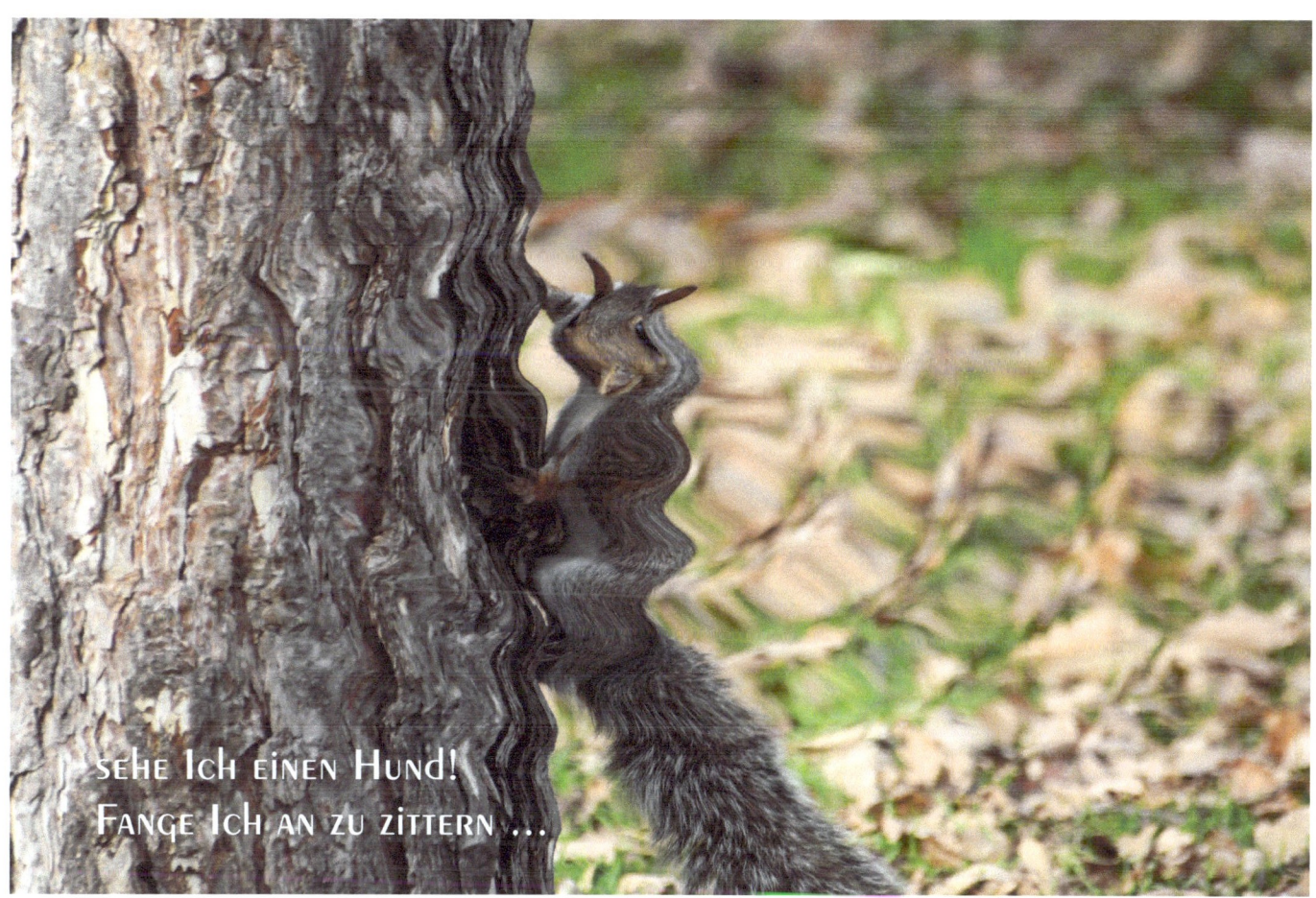

sehe Ich einen Hund!
Fange Ich an zu zittern ...

Kreative Kunst

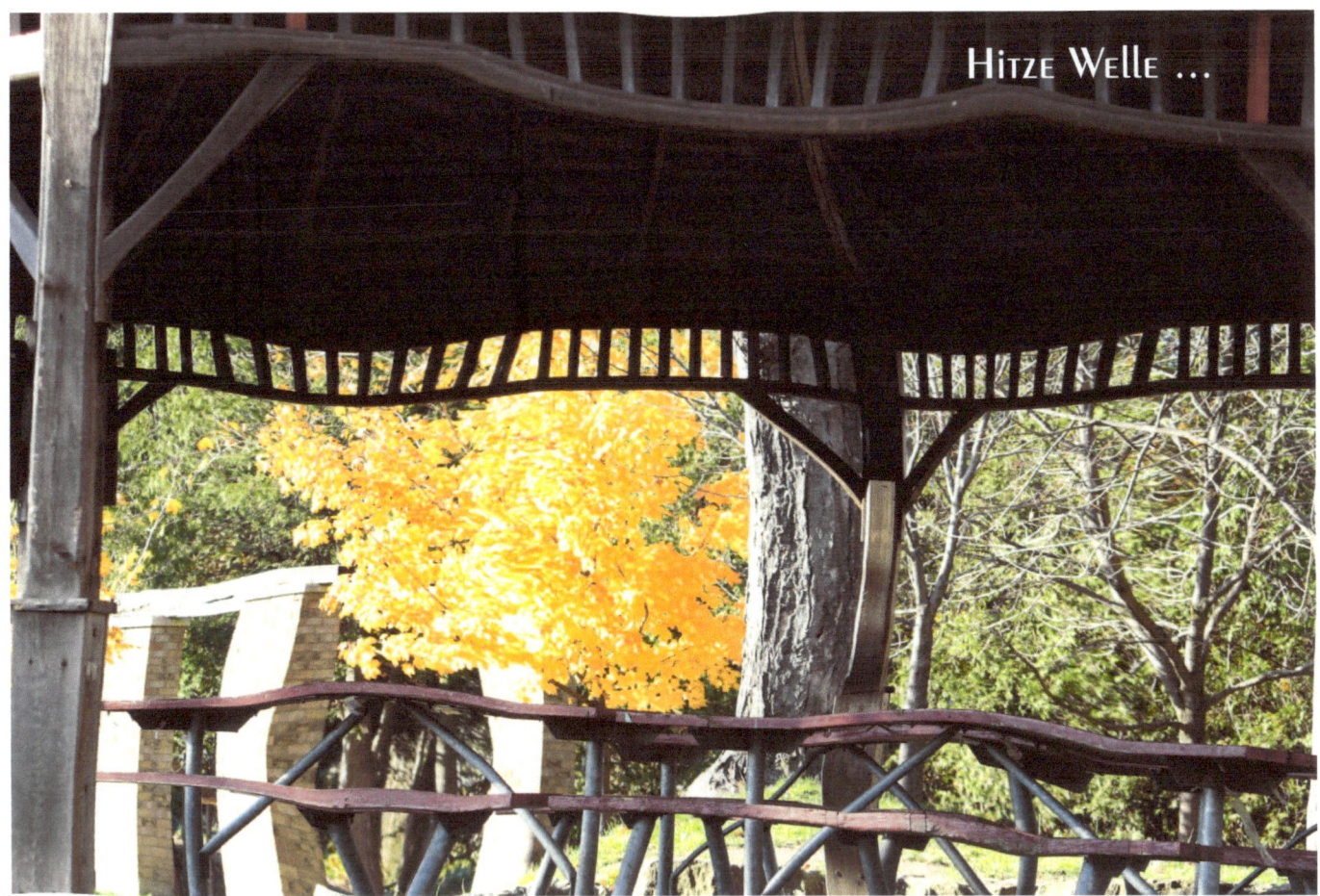

Hitze Welle ...

Kreative Kunst

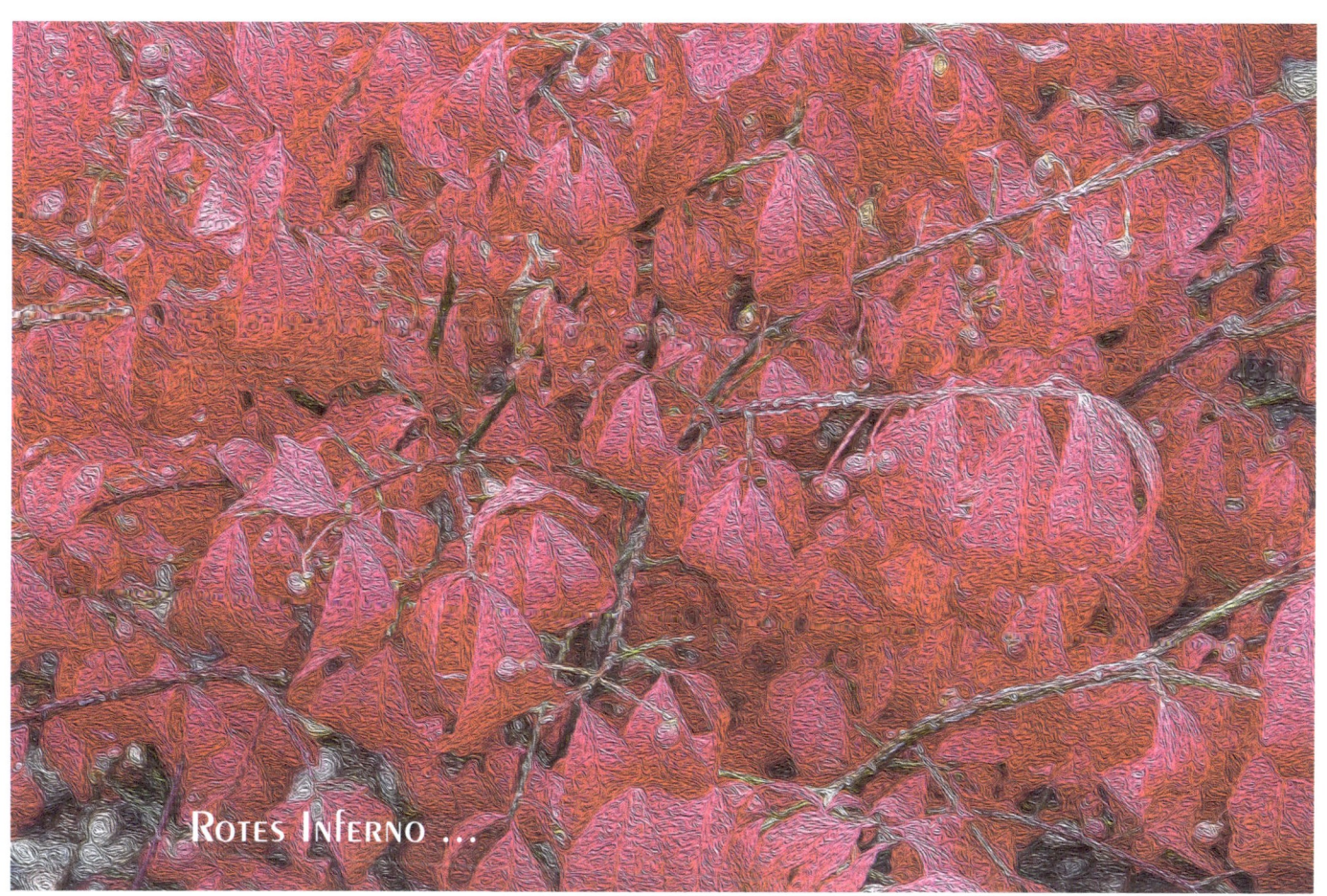

Rotes Inferno …

BIBLIOGRAPHIE — KLAUS D. EMRICH

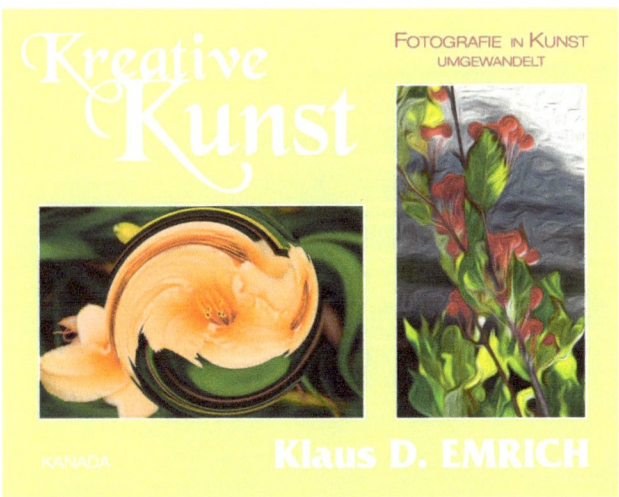

DIESE BÜCHER SIND AUCH IN ENGLISCHER SPRACHE ERHÄLTLICH.

KREATIVE KUNST
Künstlerischer Blick über die Fotografie.

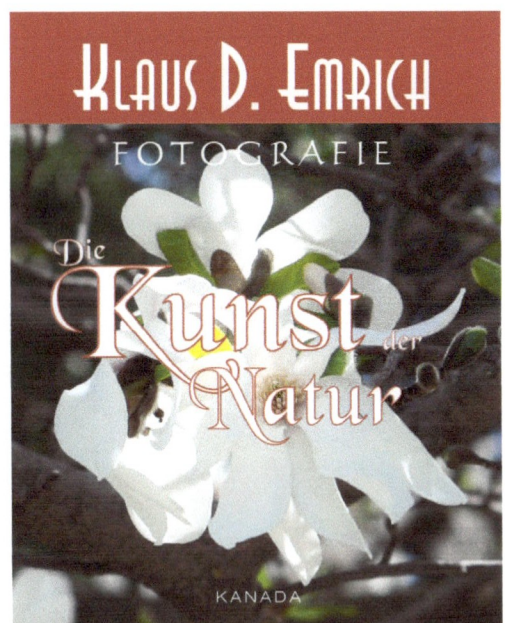

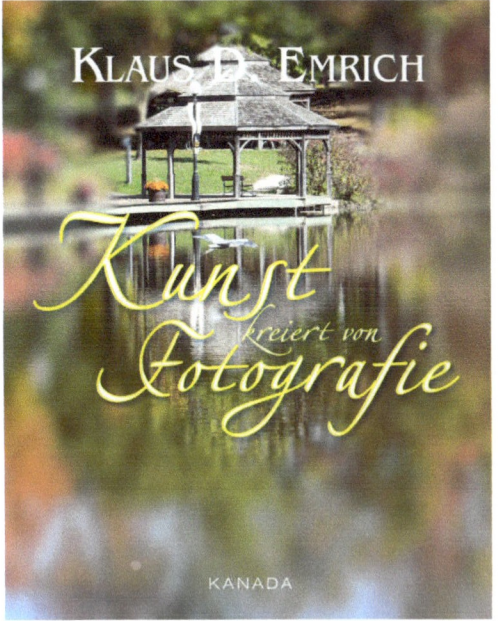

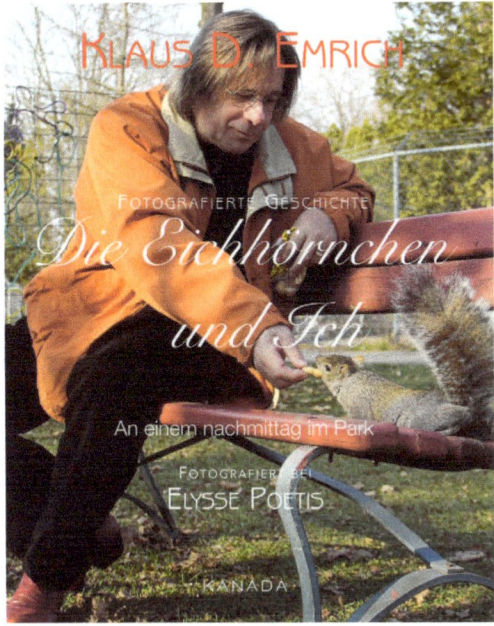

DIE KUNST DER NATUR
Fotografie - Kanadian Natur.

KUNST KREIERT VON FOTOGRAFIE
Fotografie in Kunst umgewandelt.

DIE EICHHÖRNCHEN UND ICH
Fotografiert Geschichte.

Über den Autor/Künstler

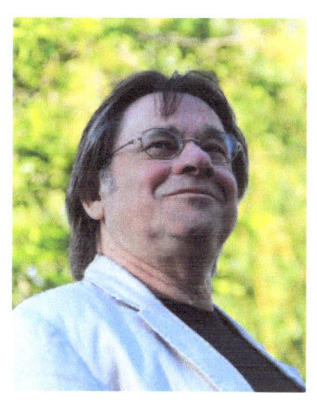

Klaus D. Emrich liebte es, Kunst zu schaffen, schon als kleines Kind in Deutschland. Würde er durch Felder, Wald und Wiesen gehen um die Natur zu erforschen. Er war fasziniert von der Schönheit die, die Natur zu offeren hatte. Erst in den letzten Jahren hat Klaus D. seinem Talent/Phantasie durch Fotografie, seinen größten Traum verwirklicht.

Das Buch "Kreative Kunst" wurde wurde im Januar 2015 veröffendlicht, durch "Von Der Alps Publishing Corporation". Klaus D.Emrich ist Autor von mehreren Büchern bei Amazon.

Klaus und seine Frau Mary, (Pseudonym Elysse Poetis - Preis Winnende Autorin zahlreicher Bücher bei Amazon), leben in der berühmten Region of Waterloo, Ontario, Kanada.

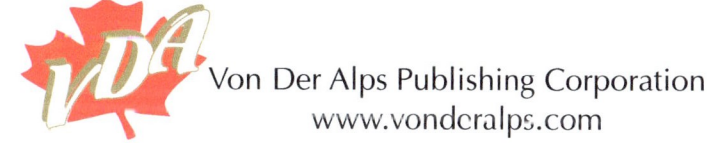
Von Der Alps Publishing Corporation
www.vonderalps.com